AF431455

Colección Transparente

Editorial Cazam Ah
www.cazamah.com
info@cazamah.com
(502) + 22517770
15 calle 9-18 zona 1, Guatemala
Guatemala, Centroamérica

La colección Transparente presenta al público obras literarias del canon clásico completas y de trama fiel al original, pero adaptadas al español moderno para facilitar la comprensión del lector del siglo XXI. Cada libro de la colección incluye una breve evaluación de comprensión lectora en línea que aborda las competencias interpretativa, argumentativa y propositiva.

Equipo: Javier Martínez (autor y director de la colección), Luis Villacinda (diseño de portada), Gladys Claudio (diagramación), imágenes de: WikiCommons, www.pixabay.com y http://www.vecteezy.com/ Nightwolfdezines & Camellie

Editorial Cazam Ah
Guatemala, 2016

# Javier Martínez

# Mitología griega

www.cazamah.com

# Índice

| Gea | 52 | Néstor | 75 |
| Gerión | 53 | Neso | 76 |
| Gorgonas | 54 | Ninfas | 77 |
| Hades | 55 | Océano | 78 |
| Héctor | 56 | Odiseo | 79 |
| Hécuba | 57 | Orestes | 80 |
| Hefesto | 58 | Orfeo | 81 |
| Helena | 59 | Pándaro | 82 |
| Hera | 60 | Pandora | 83 |
| Heracles | 61 | Paris | 84 |
| Hermes | 62 | Pasífae | 85 |
| Hidra | 63 | Patroclo | 86 |
| Horas | 64 | Pegaso | 87 |
| Ío | 65 | Penélope | 88 |
| Jasón | 66 | Perséfone | 89 |
| Laocoonte | 67 | Perseo | 90 |
| Manzana de la discordia | 68 | Pitón | 91 |
| Medea | 69 | Pitonisa | 92 |
| Menelao | 70 | Poseidón | 93 |
| Minos | 71 | Príamo | 94 |
| Minotauro | 72 | Prometeo | 95 |
| Moiras | 73 | Quimera | 96 |
| Musas | 74 | Sátiros | 97 |
|  |  | Selene | 98 |

# Afrodita

Afrodita, diosa del amor y la belleza, se le conoce en Roma como Venus. Algunas fuentes dicen que nació al brotar de la espuma del mar (su nombre significa «nacida de la espuma»), pero Homero la describe como hija de Zeus y Dione. El mismo poeta cuenta que esta diosa es la esposa de Hefesto, el dios del fuego y la metalurgia, a pesar de ser muy feo y cojo. En *La Ilíada* se cuenta cómo Afrodita engañaba a su esposo con otros dioses, como Apolo y Ares, y también se sugiere que su hijo Eros o Cupido nació de su infidelidad con Apolo. Perséfone, diosa del Hades, fue su enemiga por estar ambas enamoradas de Adonis.

*El nacimiento de Afrodita de Sandro Botticelli (1445-1510)*

# Agamenón

Agamenón era el rey de Micenas, hijo de Atreo, hermano de Menelao y esposo de Clitemnestra. Sobre él cayó la maldición que Tiestes, su tío, hizo contra toda la familia cuando Atreo lo engañó para que se comiera a sus propios hijos y así heredar el trono. En la guerra contra Troya guió las fuerzas helenas, aunque una riña con Aquiles sobre la propiedad de la esclava Briseida casi ocasionó la derrota. Bajo la influencia de Egisto, hijo de Tiestes, Clitemnestra mató a Agamenón al regresar de la guerra por haber sacrificado en Aulide a su hija Ifigenia y por haber regresado con Casandra, la princesa troyana, como su amante.

*Briseida es llevada ante Agamenón* de Giovanni Battista Tiepolo (1696-1770)

# Ágora

Originalmente, el ágora era el espacio público que podría traducirse como «plaza central», donde los griegos se reunían para hacer compras, charlar y llevar a cabo ritos religiosos. Con el tiempo, la función del ágora como punto de reunión de gran importancia económica y social aumentó y se incorporó al diseño urbanístico del período helénico (siglo V a. C.). En las ciudades portuarias solía haber dos ágoras: una mercantil, cerca de la entrada y de los puertos; y una político-religiosa, dentro de la ciudad. El ágora tuvo gran importancia para la democracia griega y, posteriormente, originó el foro romano.

Ágora en Salónica de Marsyas en WikiCommons

# Amazonas

Las amazonas son una tribu mitológica de mujeres guerreras. Para reproducirse tienen relaciones esporádicas con los hombres de las ciudades vecinas. A los niños los matan o los envían a vivir con sus padres; a las niñas las entrenan en las artes de la guerra, especialmente en el uso del arco. Con la finalidad de mejorar su destreza en el uso de esta arma, se cuenta que las amazonas se queman el seno derecho para facilitar así la tensión del arco. Algunas fuentes indican que las amazonas participaron en la guerra de Troya apoyando a los troyanos hasta que su reina fue asesinada por Aquiles.

*El combate de las amazonas de Peter Paul Rubens (1577-1640)*

# Apolo

Apolo, hijo de Zeus y de Leto. Es el dios de la belleza, la razón y las artes. Se le conoce como «Délico», por haber nacido en la isla de Delos, y como "Pitio", por haber vencido a la serpiente Pitón. Su santuario y oráculo más importante estaba en Delfos, lugar al que los mortales peregrinan buscando sus profecías en voca de la Pitonisa. Se le considera el representante del equilibrio, la razón y la sobriedad y, por tanto, la contraparte de su medio hermano Dionisio.

*Apolo persiguiendo a Dafne de Cornelis de Vos (1584-1651)*

# Aquileo

Aquiles o Aquileo, el guerrero griego más temido por los troyanos. Fue hijo de la ninfa Tetis y de Peleo, rey de Tesalia. Tetis supo que su hijo estaba destinado a morir en Troya, por lo que lo escondió para que no participara en la guerra. Sin embargo, Odiseo lo encontró y Aquiles tuvo que escoger entre morir viejo y feliz, pero en el anonimato, o morir joven en la lucha, pero lleno de gloria. Aquiles, aunque era un excelente guerrero y un semidiós bañado en la Éstige (una fuente de inmortalidad), tenía un punto débil: su talón, pues cuando su madre lo sumergió no alcanzó a mojarle esta parte del cuerpo.

*La educación de Aquiles de James Barry (1741-1806)*

# Ares

Ares, hijo de Zeus y Hera, los soberanos del Olimpo. Ares es el dios de la guerra y se le personifica como un joven pendenciero, agresivo e impaciente. Al luchar se hace acompañar de los semidioses Deimos (terror) y Fobos (miedo). Aunque es hábil con las armas y feroz en la batalla, no es invencible. Es uno de los amantes de Afrodita, a pesar de que su carácter agresivo no lo hace muy querido entre los demás dioses olímpicos.

Ares y Rea silva de Peter Paul Rubens (1577-1640)

# Argos

Argos, el gigante de cien ojos también llamado Panoptes, es el monstruo que la celosa diosa Hera mandó para vigilar a Ío, la nueva amante de su esposo. Para esconderla de la mirada del monstruo que todo lo ve, Zeus transformó a Ío en una vaca y mandó a Hermes, su mensajero, para que durmiera a Argos y así rescatar a su amada. Algunas leyendas dicen que el monstruo, al morir, se convirtió en el pavo real; otras, que Hera trasplantó los ojos de Argos a la cola de esta ave.

*Mercurio y Argos* de Alejandro de la Cruz (1773)

# Ariadna

Ariadna, princesa de Creta, hija de Minos y Pasífae. Ayuda a Teseo a matar al Minotauro, su medio hermano con cuerpo de hombre y cabeza de toro. El Minotauro, cuyo nombre real es Asterión, vive encerrado en un laberinto construido por Dédalo y del cual nadie ha salido con vida. Para ayudar a su enamorado, Ariadna le regala una bola de hilo cuyo extremo debe amarrar a la entrada y luego desenredarla al caminar, para así dejar marcado el camino de regreso.

*Baco y Ariadna de Erasmus Quellinus (1607-1678)*

# Armadura

Aunque ya existían armaduras, son los griegos quienes las mejoraron al adherirles escamas o laminillas de metal para soportar mejor los golpes. La armadura griega envuelve completamente al guerero, pero para no lastimarle la piel estaba acolchada por dentro. La parte superior es una coraza de bronce y la parte inferior, una falda de tiras sueltas. Las piernas se protegían con espinilleras metálicas (grebas). La armadura se acompaña de una capa en la espalda, un escudo redondo y un casco o yelmo que cubría totalmente la cabeza con un pequeño agujero en forma de «Y» que permitía ver y respirar. La armadura más famosa en la mitología griega fue la de Aquileo, pues fue fabricada por el mismo Hefesto por pedido de Tetis, la madre del primero, para protegerlo durante la Guerra de Troya.

Guerrero que corre de autor anónimo (circa 510 a. C.)

# Arpías

Algunas fuentes las identifican como hijas de Forcis, un dios marino, y otras, como hijas del titán Taumante y la diosa Gea. Las arpías son monstruos con cabeza y busto de mujer, pero con cuerpo, alas y garras de aves de rapiña. Representan la venganza divina y el poder de las tormentas, pues sus nombres, Aelo, Celeno y Ocípete, significan «borrasca», «nube oscura» y «vuelo rápido», respectivamente. Estos monstruos viven en las islas Estrofiades, del mar Jónico, o bajo tierra en la isla de Creta. El único héroe que las enfrentó exitosamente fue Jasón para salvar al adivino Fineo.

*Eneas y su compañía luchando contra las arpías de François Perrier (1594-1649)*

# Artemis

Artemis, hija de Zeus y de Leto, y hermana gemela de Apolo; los romanos la llaman Diana. Tenía bajo su protección el ejercicio de la caza, así como el cuidado de los cazadores y animales salvajes, especialmente de los osos. Los griegos identifican a Artemis como una mujer caprichosa, independiente, hábil en el uso del arco, competitiva y sin interés por el amor.

*Diana cazadora de Peter Paul Rubens (1577-1640)*

# Ascleplio

Asclepio, dios de la medicina e hijo de Apolo y Corónide. Apolo descubrió que Corónide lo engañaba, por lo que la mató y encargó el niño con Quirón, su amigo centauro. Asclepio aprendió de Quirón todas las artes de la medicina, incluso a revivir a los muertos. Pero esta es una práctica antinatural, por lo que Zeus lo castigó con la muerte. Con el paso del tiempo, el hombre mítico pasó a ser un dios y se le construyeron templos que los griegos visitaban buscando remedios para sus enfermedades. Se suponía que Asclepio visitaba a los enfermos en sus sueños para recetarles una cura.

Busto de Asclepio en Museo dei Marmi de Sailko (2013)

# Atenea

Palas Atenea, o Minerva para los romanos, nació del pensamiento de Zeus, por lo que es su hija favorita y la encargada de cuidar sus armas: el escudo adornado con la horrorosa cabeza de la gorgona Medusa, su égida o capa y el rayo. Atenea, diosa de la sabiduría, la astucia y la inteligencia, permaneció siempre virgen, pues prefería el estudio, la independencia y la guerra antes que la vida marital. En Atenas, ciudad dedicada a su culto por haber recibido de ella el olivo, se encontraba el mayor templo erigido en su honor: el Partenón.

*El combate entre Ares y Atenea de Joseph-Benoît Suvée (1743-1807)*

# Atlas

Atlas, hermano de Prometeo. Luchó contra Zeus para defender a Cronos. Al perder la guerra, Atlas fue sentenciado a cargar con la Tierra, el cielo y la columna que los separa. En uno de sus doce trabajos, Heracles pide ayuda al titán para encontrar las manzanas de oro, propiedad de sus hijas, las Hespérides o ninfas de los árboles. Atlas acepta ayudarlo para aprovechar la ocasión y escapar de su castigo, por lo que pide al héroe que soporte su carga mientras busca las manzanas. Al regresar con las frutas, Heracles le pide que sostenga un momento al mundo para acomodarse. Atlas lo hace y Heracles huye con su botín.

*Atlas sosteniendo el globo celestial de Guercino (1591-1666)*

# Ayante

Áyax o Ayante, hijo de Telamón, rey de Salamina. Se alió con los griegos en su guerra contra Troya. Era un enorme guerrero con fuerza descomunal y personalidad introvertida. Cuando Aquiles murió, luchó junto a Odiseo por recuperar su armadura, pero se decepcionó cuando los reyes atridas se la otorgan a este como recompensa. Áyax se ofendió y decidió matar a los líderes del ejército heleno. Atenea lo hizo alucinar que mataba a los reyes cuando en realidad acuchillaba a unas vacas frente a todo el ejército griego como testigo de su traición. Al recobrar la razón, se suicidó por la humillación dejándose caer sobre su espada.

*El suicidio de Ayante de autor anónimo*

# Bacantes

Las bacantes o báquides (también conocidas como *walkirias*) son las sacerdotisas del dios Dionisio, cuyos ritos al vino culminan en escandalosas fiestas. De estas, la más famosa es la que se llevaba a cabo en la isla Lesbos. Las bacantes representan los placenteros y peligrosos extremos a que pueden llevar los instintos. En la obra teatral de Eurípides titulada *Las bacantes*, se cuenta cómo Agave, reina de Tebas, junto a las mujeres tebanas, mató a su hijo y a su esposo creyendo que eran leones, pues el frenesí del rito báquico les quitó, momentáneamente, la razón.

*Fauno y una bacante de Léon Pallière (1823-1887)*

# Belerofonte

Belerofonte, hijo de Glauco, rey de Corinto. Domó al caballo alado Pegaso con la ayuda de Atenea. El rey Preto, quien cree que el joven es amante de su esposa, lo mandó a visitar a su suegro Yóbates para que este lo matara. Yóbates no se atrevió, pero lo envió a matar a la Quimera, una misión suicida. Belerofonte regresó triunfante con la ayuda de Pegaso, por lo que Yobates lo premió casándolo con otra de sus hijas. El joven héroe, creyéndose invencible, intentó otras aventuras, pero Pegaso se rebeló y lo arrojó en tierras desconocidas. Belerofonte tuvo que vagar, ya sin gloria ni fortuna.

*Belerofonte y Pegaso de Alexander Ivanov (1806-1858)*

# Casandra

Casandra, princesa troyana, hija de Príamo y Hécuba. El dios Apolo se enamoró de ella y para obtener su amor le regaló el don de la profecía; sin embargo, Casandra rechazó el amor del dios, y este, despechado y sin poder retirarle el regalo divino, la maldijo haciendo que nadie entendiera lo que decía. Casandra predijo inútilmente la guerra entre griegos y troyanos, así como la derrota de su pueblo por medio del caballo de madera ideado por Odiseo. Al perder la guerra, Casandra pasó a ser esclava y amante de Agamenón, cuya muerte a manos de Clitemnestra también profetizó.

*Ayante y Casandra de Johann H. Tischbein (1751-1829)*

# Caronte

Caronte es el barquero que transporta las almas de los muertos sobre la laguna Estigia para que entren al Hades. Solamente las almas que han recibido los debidos ritos funerarios y que puedan pagarle son aceptadas en su barca; las que no cumplen con estos requisitos están obligadas a esperar cien años en la orilla de la laguna. Los griegos solían poner un óbolo (moneda) bajo la lengua del difunto o dos sobre sos ojos (una sobre cada párpado) para que pagara el viaje. El único héroe vivo que subió a la barca de Caronte fue Orfeo, cuando rescató a su esposa.

La barca de Caronte de José Benlliure y Gil (1855-1937)

# Centauros

Los centauros son una raza mitológica de seres cuya mitad superior es la de un humano y la inferior, la de un caballo. Se cree que habitaban las montañas de Arcadia, desde que fueron expulsados de Tesalia por intentar raptar a la esposa del príncipe durante su boda. Se les caracteriza como seres sumamente violentos, salvajes combatientes, lascivos y borrachos; por esto se les asocia al culto de Dionisio. Una excepción fue el centauro Quirón, sabio maestro de Aquiles y Jasón.

*Aquiles educado por un centauro de Peter Paul Rubens (1577-1640)*

# Cerbero

El can Cerbero, un perro de tres cabezas y cola de dragón, es el monstruo encargado de cuidar la entrada al mundo subterráneo del Hades. Cerbero permite el ingreso de las almas para nunca dejarlas salir; también impide el ingreso de los mortales aún vivos. Solamente tres héroes han logrado burlarlo: Orfeo, quien lo encantó con su música para rescatar a su esposa Eurídice; Heracles, quien lo venció con sus propias manos para llevarlo al mundo superior y luego regresarlo como uno de sus doce trabajos; y Eneas, quien lo entretuvo con un pastel de miel preparado por Psique.

*Heracles y Cerbero de Peter Paul Rubens (1577-1640)*

# Cíclopes

Los cíclopes, hijos de Gea y Urano, son gigantes con un solo ojo en el medio de la frente. Hesíodo cuenta en su poema *Teogonía* cómo el dios Cronos los mandó al inframundo luego de haber destronado a Urano. Tiempo después, Zeus los liberó de su prisión y ellos, agradecidos, le regalaron el rayo. Con esa nueva arma Zeus logró vencer a Cronos y a los titanes, convirtiéndose así en el nuevo señor del universo. Ya liberados, los cíclopes se fueron a vivir a una isla donde se reprodujeron y se alimentaban de animales y, eventualmente, de seres humanos. Uno de los nuevos cíclopes fue Polifemo, hijo de Poseidón.

*El cíclope Polifemo de Annibale Carracci (1560-1609)*

# Circe

Circe, hechicera hija de Helios, el Sol, y de la nereida Perseis. Vivía en la isla de Ea. Invitaba a los hombres que visitaban su isla a comer en su palacio, donde les servía exquisitos manjares que los transformaban en animales, de los cuales ella se alimentaba después. Los mortales, así convertidos en cerdos, pollos o conejos, continuaban conscientes y en el uso de su razón. Durante su retorno a Ítaca, Odiseo visitó la isla y sus hombres corrieron esta suerte, pero él se salvó gracias a una hierba mágica que el dios Hermes le hizo tragar. Circe, al conocer al único mortal inmune a sus hechizos, se enamoró de Odiseo.

*Circe preparando el vino de Gioacchino Assereto (1600-1649)*

# Clitemnestra

Clitemnestra, reina de Micenas, esposa de Agamenón e hija de Leda. Tuvo cuatro hijos: Ifigenia, Electra, Orestes y Crisótemis, pero prefería a la primera. Comienza a odiar a su esposo cuando este sacrifica a Ifigenia en Áulide para obtener vientos favorables en su vieja a Troya. Durante la guerra, Clitemnestra se hizo amante de Egisto. Cuando el rey regresó a Micenas, Clitemnestra lo apuñaló en el baño. Años más tarde, Orestes la mata en venganza.

*Clitemnestra duda matar al dormido Agamenón de Pierre-Narcise Guérin (1774-1833)*

# Crisómalo

Crisómalo era el carnero alado con lana de oro que el dios Hermes mandó para rescatar a los hijos del rey Atamante, Frixo y Hele, quienes corrían peligro de ser asesinados por su madrastra Néfele. Crisómalo voló con los niños sobre su lomo, pero Hele se resbaló y murió en lo que desde entonces se conoce como el Helesponto (mar de Hele). Ya solo con Frixo a cuestas, Crisómalo llegó a la Cólquide, donde el rey Eetes adoptó al niño. Frixo sacrificó a Crisómalo en agradecimiento a los dioses y regaló el vellocino (la piel) a su protector. El rey guardó el vellocino de oro en un bosque sagrado, custodiado por un dragón.

Jasón regresa con el vellocino de oro en el Museo del Louvre (circa 330)

# Cronos

Cronos, uno de los doce titanes que concibieron
Urano y Gea, representa al tiempo. Para no sufrir la
misma suerte que su padre, quien fue destronado por
él, Cronos devoró a todos los hijos que engendraba
con su esposa y hermana Rea. Ella, cansada de ver
morir a sus hijos al nacer, decidió salvar al más joven: Zeus. Rea entregó a Cronos una piedra envuelta
en pañales para que se la tragara mientras mandó
al pequeño a vivir en Creta. Cuando Zeus llegó a
la adolescencia entró al Olimpo como sirviente, lo
que aprovechó para darle a su padre un purgante.
Este vomitó a sus hijos y ellos se unieron a Zeus para
derrocar a Cronos.

*Cronos devorando a sus hijos de Peter Paul Rubens (1577-1640)*

# Dafne

Dafne, ninfa hija del río Peneo. El dios Apolo la cortejó aunque todos los halagos fueron en vano, pues Dafne es una cazadora consagrada a Artemis, por lo que no puede contraer matrimonio. Apolo insiste hasta que Dafne prefiere pedirle a su padre que la convierta en un árbol de laurel para así no tener que escuchar las súplicas de su enamorado. Desde entonces, Apolo, el dios de las artes, hace del laurel su árbol sagrado; por esto a los poetas y deportistas se les premia con una corona de estas hojas.

*Metamorfosis de Dafne de Carlo Gignani (circa 1680)*

# Dárdano

Dárdano, hijo de Zeus y de la pléyade Electra. Heredó Salamina al casarse con la hija de Teucro, por lo que a la región se le llamó Dardania; tiempo después, a esa tierra también se le llamó Tróade, en honor a su nieto Tros. La ciudad de Troya fue fundada en ese lugar y el pueblo más cercano conservó el nombre de Dardania en su honor.

*El incendio de Troya de Juan de la Corte (1590-1662)*

# Dédalo

Dédalo, arquitecto, inventor y escultor mítico. Era tan bueno que sus esculturas hablaban y se movían. Fue contratado por el rey Minos para construir el laberinto donde encerraría al Minotauro. Enterado de que Dédalo había revelado el secreto de cómo salir del laberinto a Ariadna, Minos encerró en él a Dédalo y a su hijo Ícaro. Para escapar, Dédalo moldeó dos pares de alas de cera y salió volando con su hijo, pero este desobedeció a su padre y voló demasiado cerca del sol, lo que derritió sus alas y cayó al mar, donde murió. Dédalo continuó su vuelo hasta Sicilia, donde le dieron asilo.

Dédalo e Ícaro de Charles Paul Landon (1760-1826)

# Deyanira

Deyanira, nieta de Poseidón y esposa de Heracles. En una batalla, Heracles hiere de muerte al centauro Neso y lo deja muribundo junto a un río. Antes de que el centauro muera, pasa por ahí Deyanira y él aprovecha para vengarse: le pide que tiña una camisa con su sangre y se la regale a Heracles como reconocimiento de su superioridad. Así lo hace Deyanira, sin saber que la sangre de los centauros es un veneno poderosísimo. Cuando el cuerpo de Heracles toca la camisa, muere inmediatamente. Otras fuentes afirman que Deyanira dio por celos la camisa a Heracles, pues creía que estaba enamorado de la princesa Yole.

*El rapto de Deyanira de Guido Reni (1575-1642)*

# Dido

Dido, fundadora y reina de Cartago; hija de Belo, rey de Tiro. La leyenda cuenta que Dido y sus seguidores fueron expulsados al África por Pigmalión. Ahí pidió a los reyes que le permitiesen fundar un reino del tamaño de su capa, cosa que ellos aceptaron con burlas. Dido tomó su capa, la descosió y con el finísimo hilo demarcó un gran territorio que luego nombró Cartago. Es ahí donde el héroe Eneas hizo su última parada antes de llegar al reino de Ítalo, donde se refundaría Troya. Durante su estancia, Dido se enamoró de Eneas. Cuando este zarpó, se suicidó lanzándose a una fogata.

*Eneas cuenta a Dido la desventura de Troya de Pierre-Narcisse Guérrin (1774-1833)*

# Diómedes

Diómedes, rey de Argos e hijo de Tideo. Su padre fue uno de los Siete contra Tebas. Diómedes fue el mejor arquero griego, por tanto, la contraparte del licio Pándaro. Diómedes era tan diestro con su arma que logró herir a la diosa Afrodita en la mano cuando intervino para salvar a su hijo Eneas. Diómedes también hirió, en la misma ocasión, a Ares, el dios de la guerra. Al volver de la guerra, se encontró con que su esposa le era infiel, por lo que tranquilamente se mudó a Apuia donde volvió a casarse.

*Friso de los arqueros del palacio de Darío, siglo VI a. C.*

# Dioniosio

Dionisio, Baco o Liber para los romanos, es el dios de la vegetación, de lo instintivo, del vino y del placer. Su culto es una fiesta orgiástica. Las ménades, bacantes o báquides son mujeres dedicadas a su culto: abandonan sus hogares para vagar por el mundo. Hera mató a la madre de Dionisio por celos, así que Zeus (su padre) sacó el feto y se lo insertó en un muslo, donde terminó de gestarse. Dionisio, por ser un nuevo dios, tuvo que vagar convenciendo a la gente de su divinidad: si lo adoraban, recibían el secreto de la fabricación del vino, pero si no, como el caso de Tebas, recibían desgracias relacionadas con el alcoholismo.

*El triunfo de Baco de Michaelina Wautier (circa 1659)*

# Edipo

Edipo, rey de Tebas, hijo de Layo y Yocasta. Al nacer, el oráculo dijo que mataría a su padre y tendría hijos con su madre. Para evitar su destino, sus padres lo abandonaron en el bosque, pero otros reyes lo adoptaron. Al crecer sin conocer su verdadero origen, Edipo también buscó evitar su destino y abandonó el hogar. Durante su viaje, encontró a Layo en un camino y lo mató por una riña superficial. Al llegar a Tebas, liberó a la ciudad de la Esfinge y así obtuvo la recompensa: casarse con la reina, la viuda Yocasta. Al pasar el tiempo, una maldición cayó sobre la ciudad y el nuevo rey prometió no descansar hasta encontrar al asesino del rey anterior; para ello encomienda a su cuñado, Creonte, la investigación. Al enterarse de que él mismo es el asesino de Layo y de que este es su padre, así como de que su esposa Yocasta es su madre, Edipo se saca los ojos y se aplica a sí mismo el castigo que prometió darle al asesino: se destierra de la ciudad y se ve obligado a vagar y mendigar. La única hija que lo acompañó en su desgracia fue Antígona. Durante su castigo autoinflingido, Edipo llevó consigo la desgracia y la peste a los pueblos que visitó, por lo que en ningún lugar recibió posada ni ayuda. Cuando sus hijos varones, Polínices y Etéocles, lo visitan por única vez, Edipo se da cuenta de que no les interesa su suerte, sino saber quién será su heredero, por lo que los maldice y esto, más adelante, ocasionará la muerte de ambos durante la guerra donde intentan decidir la sucesión del trono y que, por las alianzas que hacen con pueblos vecinos, se conoce como «Siete contra Tebas».

El mito de Edipo fascinaba a los antiguos griegos, quienes relataron partes de su leyenda en diferentes obras teatrales, como «Los siete contra Tebas» de Esquilo, «Edipo en Colono», «Antígona» y «Edipo rey» de Sófocles. Esta última obra fue mencionada por Aristóteles en su «Arte poética» como el drama ejemplar y mejor logrado de la dramaturgia griega. Años más tarde, durante el siglo XIX, Sigmund Freud retomó este mito para nombrar su famoso «complejo de Edipo» que describe la fascinación del niño por su madre.

Edipo y la esfinge de autor anónimo (480-470 a. C.)

# Electra

Electra, hija de Agamenón y de la reina Clitemnestra. Cuando su madre y Egisto, el amante de esta, matan a Agamenón, Electra manda a su hermano Orestes a vivir en el exilio para protegerlo de los usurpadores. Ella se convierte en la constante acusadora del asesinato y de la traición de la nueva pareja real, por lo que es destinada a una vida de pobreza y trabajos en el palacio. Al pasar los años, e instigado por su hermana, Orestes regresa a Micenas para cumplir el sueño de Electra: vengar la muerte de su padre. Orestes revela su identidad y junto a su hermana y a su fiel amigo Pílades matan a los reyes. Electra se casa después con Pílades.

*Electra recibiendo las cenizas de su hermano Orestes de Jean-Baptiste Joseph Wicar (1762-1834)*

# Eneas

Eneas, hijo de Anquises, un príncipe troyano, y de Afrodita, la diosa del amor. Durante la noche en que los griegos derrotaron a Troya, Eneas organizó la huida de los pocos sobrevivientes. Cargando con su anciano padre y su pequeño hijo, luego de haber perdido a su mujer, Eneas y los últimos troyanos navegaron durante muchos años en búsqueda de la tierra que los dioses le prometieron para refundar una nueva Troya. Durante el viaje, Eneas pasó muchas aventuras e incluso bajó al Hades. En la ciudad de Cartago, la reina Dido se enamoró de él pero, fiel a su misión, Eneas continuó su viaje. Esto ocasionó que Dido se suicidara.

La huida de Eneas de Troya de Federico Barocci (1535-1612)

# Epidauro

Epidauro, ciudad griega ubicada en la costa de la península del Peloponeso. Ahí se encuentra el teatro más antiguo y mejor conservado del mundo occidental; data del año 350 a. C. y fue diseñado por Policleto el Joven. Como todos los teatros griegos, el de Epidauro tiene su graderío excavado en las faldas de una montaña y el escenario, de forma circular, se funde armoniosamente con el paisaje de fondo. Durante el verano, época de la vendimia, se llevaban a cabo largos montajes escénicos en honor al dios Dionisio.

Epidauro de Andreas Trepte

# Erinias

Las Erinias o Furias, hijas de Gea y Urano, son las deidades vengadoras del crimen y la inmoralidad; son despiadadas pero justas. Las Erinias son tres: Tisífone, encargada de vengar los crímenes de sangre; Megara, que castigaba los crímenes ocasionados por celos; y Alecto, que siempre está encolerizada. Las Furias vivían en el Hades y salían únicamente para atormentar a los criminales cuando olían la sangre derramada sobre la tierra por sus delitos. Pasaron a llamarse Euménides cuando, al perder el juicio contra Orestes, fueron invitadas a residir en Atenas.

*El remordimiento de Orestes de William-Adolphe Bouguereau (1825-1905)*

# Eros

Eros, también conocido por los romanos como Cupido, es el joven dios del enamoramiento. Hijo de Afrodita, la diosa del amor y la belleza, siempre está acompañado de su amigo Poto, el deseo. La leyenda escrita por Lucio Apuleyo narra cómo Eros se enamora de Psique, a pesar de que su madre, celosa de la belleza de la princesa, le ordenó hacerla enamorar del hombre más feo. Eros visita a Psique por las noches con la condición de que no lo vea; sin embargo, una noche ella no soportó más la curiosidad y encendió una lámpara. Eros se enojó y la abandonó inmediatamente.

*Muchacha se defiende de Eros de William-Adolphe Bouguereau (1825-1905)*

# Escila y Caribdis

Escila y Caribdis, dos monstruos que viven en un islote y representan los peligros a que todo marinero se enfrenta. Escila vive en una gruta y se le representaba con seis pares de piernas e igual número de cabezas, cada una de ellas armada con tres hileras de dientes con los cuales destroza el fondo de los barcos. Cerca del islote vive Caribdis, el remolino, monstruo submarino que traga y escupe agua tres veces al día para llevar alimento a su boca. Solamente Odiseo ha logrado sobrevivir a su encuentro, aunque en la aventura perdió a seis hombres. El mito cuenta que Escila era una hermosa muchacha a quien la bruja Circe transformó por celos.

Odiseo ante Escila y Caribdis de Henry Fuseli (1741-1825)

# Esfinge

El monstruo llamado Esfinge es la interpretación griega del monumento egipcio ubicado en la ciudad de Gizeh. Los griegos, imitando la forma de la estatua, representaron a la Esfinge como un monstruo con busto de mujer, pero con cuerpo de león y alas. La leyenda cuenta que la Esfinge se plantó en la entrada de la ciudad de Tebas, donde no dejaba entrar ni salir a nadie hasta que resolvieran su enigma. El único en responderle correctamente fue Edipo, quien pasaba casualmente por el lugar, huyendo de su destino. La ciudad de Tebas recompensó al forastero con la mano de Yocasta, la reina recientemente enviudada.

*Edipo y la Esfinge de Jean Ingres (1780-1867)*

# Etna

Etna, uno de los pocos volcanes europeos. Ubicado al sur de Italia, el volcán Etna tiene 3 323 metros de altura y un área de 1 605 km². Su primera erupción ocurrió en el siglo XVIII antes de Cristo y desde entonces se ha mantenido con periódica actividad. Los griegos homéricos creían que dentro de este volcán vivía el dios Hefesto y que ahí tenía su taller de metalurgia.

*Monte Etna desde Taormina de Cole Thomas (1842)*

# Filoctetes

Filoctetes, rey de una provincia desconocida al norte de Grecia. Fue el mejor amigo de Heracles, por lo que heredó su arco y sus flechas cuando murió. Camino a Troya, Filoctetes fue mordido por una serpiente y los otros griegos decidieron dejarlo en la isla de Lemnos para no retrasar el viaje. Diez años más tarde, el oráculo reveló que sería imposible ganar la guerra si Filoctetes no participaba en ella. Odiseo fue a pedirle perdón y a convencerlo de participar. Lo logró y Filoctetes mató a Paris, el secuestrador de Helena. Al regresar a su hogar, el héroe encontró que su trono había sido usurpado, por lo que se mudó a Italia.

*Odiseo y Neoptólemo quitándole el arco y las flechas de Heracles a Filoctetes de François-Xavier Fabre (circa 1800)*

# Gea

Gea o Gaya, hija de Caos, es la diosa y la personificación de la Tierra. Se casó son su hermano Urano, el cielo, con quien tuvo a los primeros habitantes del universo: los titanes, los cíclopes y los gigantes. Estos últimos eran monstruosos, pues tenían cien manos y cincuenta cabezas, por lo que horrorizaron a Urano y este los mandó a encerrar en un lugar secreto de la tierra. Gea, ofendida por el desprecio a sus hijos, convenció al titán Cronos de que destronara a Urano. Durante la lucha, Cronos castró a su padre, y con sus genitales, Gea concibió nuevos gigantes y a las diosas vengadoras, las Erinias. Su último hijo fue Tifón.

Gea, Hera, Victoria y Cronos de Giulio Romano (circa 1533)

# Gerión

Gerión, monstruo de tres cabezas que habitaba la isla de Eritia y poseía unos bueyes que guardaba celosamente. Como uno de sus doce trabajos, Heracles le robó dichos animales. Para conmemorar la hazaña, como se acostumbraba en aquel tiempo, el héroe levantó dos grandes columnas: los peñones de Gibraltar y de Ceuta.

*Heracles y Gerión* sobre un ánfora de Vulci

# Gorgonas

Las gorgonas son hijas de Forcis, dios marino, y de Ceto. Son criaturas tan horrorosas que vuelven de piedra a todo ser humano que se atreviera a verlas, por eso viven en lo más lejano del océano occidental. Su aspecto es parecido al de una mujer alada, cuya piel se encuentra cubierta de escamas doradas, con serpientes en vez de cabellera y dientes afilados en un rostro redondo. Las gorgonas eran tres: dos de ellas inmortales, Esteno y Euríale, y una mortal, Medusa. A esta última la mató Perseo con la ayuda de Hermes y Atenea. Al morir Medusa, el dios Poseidón engendró con su sangre al caballo alado Pegaso.

La cabeza de Medusa de Peter Paul Rubens (1577-1640)

# Hades

Hades o Pluto como lo conocían los romanos, es hijo de Cronos y Rea, hermano de Zeus y Poseidón. Se convirtió en el dios de los muertos y del inframundo cuando los tres hermanos se repartieron el universo al derrotar a su padre. Su reino, cuya entrada cuida el monstruoso Cerbero, lleva su mismo nombre y es donde reposan las sombras de los muertos que debe llegar por medio de la barca de Caronte. Ahí reina junto a Perséfone, diosa de la agricultura. Hades no es un dios maligno, pero sí es un dios implacable y estricto, pues no hay oración o rito que impida llegar a su reino. También se le consideraba el dios de la riqueza, porque los metales preciosos vienen del subsuelo.

*El rapto de Proserpina de Peter Paul Rubens (1577-1640)*

# Héctor

Héctor, hijo de Príamo y Hécuba, reyes de Troya. Homero describe a este príncipe como un hombre noble, un esposo y padre amoroso y un guerrero valiente para dirigir la defensa troyana. Durante el enojo de Aquiles, Héctor hizo retroceder a los griegos hasta sus naves, pero confundió a Patroclo, quien vestía la armadura de Aquiles, con el rey mirmidón y lo mató. Aquiles regresó a la guerra para vengar a su amigo. Héctor murió a manos de Aquiles ante la mirada atónita de toda Troya. El cadáver del príncipe troyano fue vejado por Aquiles hasta que Príamo le rogó que se lo devolviera para hacerle las honras fúnebres. Al caer Troya, el hijo de Héctor fue asesinado.

*Aquiles hiere a Héctor de Peter Paul Rubens (1577-1640)*

# Hécuba

Hécuba, esposa de Príamo, rey de Troya, y madre de Héctor, Paris, Casandra y otros trece hijos. Al caer Troya y morir todos los hombres de su familia, Hécuba es hecha prisionera por los griegos, quienes la sortean como esclava al considerarla parte del botín de guerra. Hay tres versiones diferentes sobre la suerte de Hécuba: que, desesperada por su captura, se arroja al estrecho Helesponto; que la matan por insultar a sus captores; y que se convierte en un perro..

Hécuba y Polixena de Merry-Joseph Blondel (1781-1853)

# Hefesto

Hefesto, o Vulcano para los romanos, fue engendrado únicamente por Hera, la esposa de Zeus. Lo creó por su cuenta para demostrar que Zeus no era el único dios que podría concebir hijos por sí solo, como lo hizo con Atenea, quien nació de su pensamiento. Sin embargo, el atrevimiento de Hera fue un fiasco, pues Hefesto nació cojo, feo y malhumorado. Hefesto vive bajo el volcán Etna, donde tiene su taller de herrería para fabricar armas y armaduras mágicas, como la que le regaló a Aquiles durante la guerra de Troya. No tiene buenas relaciones con los demás dioses olímpicos, ya que es muy celoso por las diversas aventuras que con muchos de ellos sostiene su esposa Afrodita, la diosa de la belleza.

*Hefesto forjando los rayos de Zeus de Peter Paul Rubens (1577-1640)*

# Helena

Helena, hija de Leda (por tanto, media hermana de Clitemnestra) y de Zeus. Nació de un huevo azul cuando el padre de los dioses, metamorfoseado en un cisne de ese color, poseyó a Leda. Helena era la mujer más bella de Grecia, pero esto le trajo muchos problemas: siendo aún niña, Teseo la raptó para esperar un tiempo y luego casarse con ella; luego la rescataron sus otros medio hermanos, Cástor y Pólux. Más tarde se casó con Menelao, rey de Esparta, hasta que Paris, príncipe troyano, la raptó. Las fuentes nunca aclaran si Helena amaba a su raptor o a su verdadero esposo, si planeó todo o simplemente fue víctima de las circunstancias. Sin embargo, Homero nos cuenta en *La Odisea* que, luego de la guerra de Troya, Helena y Menelao vivían juntos y en paz.

*Rapto de Helena* de Lucas Jordán (1634-1705).

# Hera

Hera, hermana y esposa de Zeus, hija de los titanes Cronos y Rea. Hera es la diosa de la vida marital, del hogar, del parto y de las mujeres; también es la madre de la mayoría de los dioses olímpicos. Los griegos homéricos representan a Hera como una diosa celosa, vengativa y enojada, pues en varias leyendas se cuenta cómo perseguía incansablemente a las amantes de su esposo y a los hijos que engendraba con ellas; tales son los casos de Ío, a quien puso bajo la vigilancia de Argos, y de Heracles, a quien enloqueció para que matara a su familia.

*Zeus y Hera de Franz Janneck (1703-1761)*

# Heracles

Hércules o Heracles, el hijo mortal predilecto de Zeus. Su madre, Alcmena, lo concibió cuando Zeus suplantó a su esposo, Anfitrión. Hera, celosa, intentó matar al niño enviándole dos serpientes, pero el bebé las estranguló. En otro arranque de celos, Hera hizo enloquecer a Heracles para que matara a su propia familia. Él, arrepentido, le preguntó al oráculo de Delfos qué hacer. Este le dijo que debía convertirse en sirviente de su primo Euristeo quien, por mandato de Hera, le impuso las doce tareas que eran trabajos suicidas de los cuales el héroe salió victorioso.

*Hércules se prende fuego en la pira frente a su amigo Filoctetes, de Ivan Akimov (1755-1814)*

# Hermes

Hermes, hijo de Zeus y Maya, la hija del titán Atlas. Es el mensajero de Zeus, por lo que viste un sombrero y unas sandalias aladas que le permiten volar. Entre sus labores está llevar los muertos al Hades y proteger a los viajeros, comerciantes, atletas y pastores. También recompensa a los mortales que lo reciben en su casa para pasar la noche cuando se disfraza de viajero. Sin embargo, también es el protector de los mentirosos y de los ladrones. Entre sus hazañas está haber vencido al monstruo de los mil ojos, Argos, para proteger a Ío, como se lo encargó su padre.

*Hermes, Argos e Ío* de Abraham Bloemaert (1564-1651)

# Hidra

La Hidra habitaba un pantano cercano a la ciudad de Argos. Este monstruo, que exhalaba un aliento venenoso, tenía ocho cabezas mortales (aunque capaces de autorregeneración) y una cabeza inmortal, al centro. Heracles, como su segundo trabajo de los doce impuestos para purgar el asesinato de su familia, venció a la Hidra. Para lograrlo cauterizó con una antorcha los ocho cuellos al momento que cortaba las cabezas mortales y enterró bajo una roca gigantesca a la inmortal.

*Heracles y la Hidra* de Francisco de Zurbarán (1598-1664)

# Horas

Las Horas, hijas de Cronos, representan en la mitología griega el paso del tiempo. Las Horas, además, rigen el orden de la sociedad, el orden de la naturaleza y de las estaciones. En principio se asociaban a la primavera, el verano y el invierno. En el Olimpo guardaban las puertas del cielo, servían a los principales dioses y cuidaban de los corceles celestes.

*Las Horas de Edward Burne-Jones (1833-1898)*

# Ío

Ío, hija del río Ínaco. Zeus se enamoró de ella, pero rápidamente Hera, su esposa, se dio cuenta de sus sentimientos. Para salvarla de sus celos, Zeus convirtió a Ío en una vaca blanca. Hera, todavía suspicaz, le pidió que le regalara el animal y lo puso al cuidado de Argos, el monstruo de mil ojos. Zeus mandó a su mensajero, Hermes, para que durmiera al monstruo y salvara a Ío. Burlada la diosa Hera, mandó un tábano para que persiguiera y picara eternamente a la vaca. Ío, desesperada, se lanzó al mar Jónico y llegó nadando a Egipto. Ahí volvió a su forma natural y dio a luz a un hijo de Zeus: Épafo, ancestro de Heracles.

*Juno descubre a Júpiter con Ío de Pieter Lastman (1583-1633)*

# Jasón

Jasón, hijo de Esón, rey de Yolco. Al quedar huérfano, su tío Pelias le robó el trono. Años después, Jasón reclamó su reino, pero Pelias le puso una condición: recuperar la piel del carnero de oro llamado Crisómalo, una reliquia familiar perdida años atrás. Jasón aceptó y reclutó a todos los héroes de su generación, como Heracles, Orfeo y Néstor. Zarparon todos en la nave Argos y, con la ayuda de Medea, quien traicionó a su familia, obtuvieron el vellocino de oro. Jasón gobernó Yolco y tuvo dos hijos con Medea. Tiempo después, Jasón se casó con la hija del rey Creonte y Medea, por celos, envenenó a sus hijos.

*Jasón y Medea de Gustave Moreau (1826-1898)*

# Laocoonte

Laocoonte, guerrero troyano y sacerdote de Apolo. No cayó en la trampa del caballo de madera que dejaron los griegos en la entrada de la ciudad como supuesto símbolo de derrota y ofrenda de aparente buena voluntad. Por esto aconsejó a sus aliados que no metieran el regalo a la ciudad, pero en ese momento una serpiente marina se lo llevó a él y a sus hijos. Los demás troyanos, aterrorizados, pensaron que esto era un castigo divino por no haber aceptado el regalo, así que llevaron el caballo a la ciudad y esto ocasionó su derrota.

*Laocoonte y sus hijos en Museos Vaticanos (siglo I)*

# Manzana de la discordia

Hera, Afrodita y Atenea estaban en un mismo salón del Olimpo cuando otro dios, por malicia o simple travesura, les lanzó una manzana de oro que tenía la inscripción «Para la más hermosa». Lógicamente, las tres diosas reclamaron la manzana, comenzando así una terrible disputa. Acordaron solicitarle a Zeus que resolviera el asunto, pero el padre de los dioses prefirió no intervenir en un asunto de vanidad, así que encargó a Paris, un pastor que aún no sabía que era un príncipe troyano, que tomara la difícil decisión. Las tres diosas recurrieron al mortal y cada una intentó sobornarlo a su manera: Hera le prometió una esposa fiel y hogareña; Atenea, sabiduría; pero él eligió a Afrodita, quien le prometió belleza y poseer a la mujer más hermosa del mundo, quien resultaría ser Helena.

*El juicio de Paris* de Peter Paul Rubens (1577-1640)

# Medea

Medea, hija de Eetes, rey de Cólquida. Traiciona a su padre al matar a sus hermanos para ayudar a Jasón y los argonautas a robar el vellocino de oro. Vive con él muchos años hasta que Jasón la traiciona al casarse con la hija del rey Creonte. Medea, en venganza, envenena a los hijos que tuvo con Jasón y a su nueva esposa para que así no tenga descendientes. Luego, huye a Atenas donde convive con el rey Egeo hasta que intenta envenenar a Teseo para que no sea reconocido como príncipe y así no desherede a los hijos que tuvo con ella. Al descubrirse su intento de asesinato, Medea huye a Asia.

*Medea y Jasón de John William Waterhouse (1849-1917)*

# Menelao

Menelao, rey de Esparta y hermano de Agamenón. Se casó muy enamorado de Helena, la hermana de su cuñada Clitemnestra. Durante una fiesta, uno de sus huéspedes, el príncipe troyano Paris, raptó a su esposa, con lo cual faltó a los mandamientos divinos de respetar al anfitrión. Menelao pidió ayuda a su hermano para rescatar a su esposa y este organizó el ejército aliado más grande de la historia antigua. Menelao fue uno de los guerreros escogidos para esconderse dentro del caballo de madera que llevó a la caída de Troya. Después de la guerra, Helena volvió con Menelao y vivieron juntos el resto de sus vidas.

*Helena y Menelao de Johan Tischbein (1751-1829)*

# Minos

Minos, hijo de Zeus y la princesa Europa, rey de la isla de Creta. Logró expandir el territorio de su ciudad Cnosos y se ganó la fama de ser un soberano justo; tanto fue así, que al morir, Hades lo nombró juez de los muertos. Para hacer cumplir sus sentencias, Minos enrollaba su cola tantas veces como la gravedad del castigo que imponía. La leyenda cuenta que Minos no quiso sacrificar en honor a Poseidón un magnífico toro que el mismo dios le había regalado para ese fin; como castigo, Poseidón hizo enamorar a Pasífae, la esposa de Minos, del toro y que ella concibiera un monstruo: el Minotauro.

*Minos mordido por la serpiente de Michelangelo Buonarroti (1475-1564)*

# Minotauro

El Minotauro, cuyo nombre era Asterión, fue el producto del deseo antinatural de Pasífae, reina de Creta, por un toro blanco que Poseidón regaló a su esposo Minos. El rey de Creta, humillado por la perversión de su mujer, mandó a encerrar al monstruo, mitad hombre y mitad toro, en un laberinto construido por Dédalo. Anualmente, Atenas enviaba siete jóvenes para alimentar al monstruo; en una ocasión, Teseo se ofreció a ir con el fin de acabar con ese sacrificio. Hay dos versiones: que Teseo encontró al Minotauro dormido y lo mató a golpes; y que Teseo luchó con él hasta romperle un cuerno que le clavó en la frente.

El Minotauro de George Frederic Watts (1817-1904)

# Moiras

También conocidas como Parcas, los griegos las representan como tres viejas brujas horrendas o como doncellas tristes. Se encargan de la vida y del destino de los seres humanos y de los dioses. Se les representa también como tejedoras, ya que Cloto es quien hila la vida; Láquesis, la que decide la duración y el destino de la vida; y Átropo, la Inexorable, es la encargada de cortar el hilo de la vida en el momento indicado. Aunque viejas y despreciadas por los dioses olímpicos, nadie puede alterar sus decisiones.

*Las Parcas de Francisco de Goya (1746-1828)*

# Musas

Las musas son las nueve diosas de las artes y las ciencias. Son hijas Zeus y Mnemosine, su primera esposa y la diosa de la memoria. Las musas inspiran a filósofos y artistas. Sus nombres son: Talía, musa de la comedia; Urania, de la astronomía; Polimnia, de la poesía sagrada; Era, musa de la poesía romántica; Terpsícore, de la música y la danza; Melpómene, del teatro; Euterpe, de la lírica; Clío, de la historia, y Calíope, musa de la poesía épica.

*Minerva entre las musas* de Hendrick van Balen (1573-1632)

# Néstor

Néstor, rey de Pilos, hijo de Neleo y Cloris. Aunque Homero lo describe como un anciano sabio, en su juventud fue un destacado guerrero que luchó contra los centauros y se unió a los argonautas (guerreros que, junto a Jasón, navegaron en la nave Argos para recuperar el vellocino de oro). Ya anciano, participó en la guerra de Troya como consejero de los aliados griegos. Diez años después de haber regresado a su natal Pilos, recibió la visita de Telémaco, quien inútilmente le pidió noticias sobre su padre Odiseo.

*Néstor y Briseida de Brygos en el Museo del Louvre (siglo V a. C.)*

# Neso

Neso, el centauro que causó la muerte de Heracles. Como todo centauro, Neso se dejó llevar por sus instintos y trató de violar a la bella Deyanira, esposa de Heracles. Sin embargo, él la rescató rápidamente y mató a Neso con una flecha envenenada con la sangre de la Hidra. El centauro, moribundo, dijo en secreto a Deyanira que tomara un poco de su sangre y con ella tiñera una camisa para Heracles. Así lo hizo la esposa del héroe creyendo que la sangre del centauro era un filtro de amor, cuando realmente era un poderoso veneno. Deyanira envió la camisa a Heracles, quien al ponérsela murió.

*Neso y Deyanira de Arnold Böcklin (1827-1901)*

# Ninfas

Las ninfas son espíritus de la naturaleza, seres inmortales con poderes sobrenaturales. Se les representa como mujeres jóvenes y muy bellas; por ser eternamente vírgenes e inocentes olvidaban inmediatamente los constantes ataques sexuales que sufrían por parte de los faunos, sátiros y otros dioses. Las ninfas se clasifican por el lugar donde habitaban: las oceánides son hijas de Océano, las nereidas viven en el mar Mediterráneo; las ninfas de las fuentes de agua se llaman náyades; las potameides son las ninfas de los ríos; las ninfas que cuidan de las montañas y las grutas son las oréades, y las dríades se encargan de los bosques.

*Fiesta de faunos y ninfas de Moritz Stifter (1857-1905)*

# Océano

Océano, titán hijo de Urano y Gea. Con su esposa Tetis crió a las oceánides, las olas y a todos los ríos del mundo. Para los griegos, el Océano es un enorme río que circunda la Tierra, a la que consideraban un enorme círculo plano. Aunque Océano y Prometeo fueron los únicos titanes que apoyaron a Zeus en su batalla para derrocar a Cronos, su fidelidad no tuvo recompensa. Por un lado, Prometeo fue castigado por haberle regalado el fuego a los hombres y, por el otro, Océano pasó a segundo plano cuando Zeus nombró a su hermano Poseidón y a la mujer de este, Anfitrite, como los nuevos soberanos de las aguas.

Océano en Museo Arqueológico de Estambul

# Odiseo

Odiseo, o Ulises para los romanos, hijo de Laertes, rey de Ítaca. Para los griegos es el prototipo de la astucia, la diplomacia y la inteligencia. Fue el estratega del caballo de madera con que se logró la victoria en Troya. Después de la guerra, Odiseo se perdió durante su regreso debido a diversas ofensas que, involuntariamente, hicieron él y su tripulación a los dioses. Al llegar a Ítaca, Odiseo tuvo que luchar, con la ayuda de su hijo Telémaco, para recuperar su palacio y a su esposa, Penélope. Homero comenta que este héroe no dejará de viajar hasta que llegue a un lugar tan alejado del mar que la gente desconozca los remos.

*Odiseo escuchando a las sirenas de Léon Belly (1827-1877)*

# Orestes

Orestes, príncipe miceno e hijo de Agamenón y Clitemnestra. Cuando era un niño, su madre asesinó a su padre para gobernar junto a Egisto, su amante. Electra, su hermana mayor, lo mandó a vivir con su tío Estrofio, rey de la Fócide, para salvarlo, y esperaba que algún día regresara para vengar la muerte de su padre. Sin embargo, Orestes se resistía a considerar el matricidio. Al fin, Orestes se decidió y mató a su madre. Inmediatamente, las horrorosas diosas vengadoras Erinias comenzaron a perseguirlo. Aconsejado por Apolo, Orestes huyó hacia Atenas donde se le organizó un juicio cuya jueza fue Atenea. La sentencia lo absolvió de la culpa pues, en el mundo heleno, era más importante el padre que la madre y, por lo tanto, el matricidio se justificaba si era para vengar la muerte del padre.

Orestes hiere a Egisto y a Clitemnestra de Bernardino Mei (circa 1654)

# Orfeo

Orfeo, hijo de la musa Calíope y de Apolo, es un poeta y músico tan excepcional que cuando ejecuta sus artes todas las cosas, vivas o inertes, se conmueven y lo siguen en una especie de encantamiento. Por su habilidad con las artes fue ascendido de mortal a dios. Su esposa, la ninfa Eurídice, murió al poco tiempo de la boda, por lo que Orfeo bajó al Hades para rescatarla. El dios Hades le permitió llevársela con una condición: que ella no volviera a ver hacia atrás mientras salían, pero su curiosidad fue más fuerte y quedó atrapada en la tierra de los muertos. Al poco tiempo, Orfeo murió al ser atacado por un grupo de bacantes.

*Orfeo y Eurídice de Gaetano Gandolfi (1734-1802)*

# Pándaro

Pándaro, aunque originario de Licia, fue el mejor arquero con que contó Troya durante el asedio griego. Rompió la tregua entre troyanos y helenos cuando, insensatamente, hirió a Menelao, el rey de los espartanos. Poco después de su error, encontró la muerte a manos de Diómedes.

*Orestes hiere a Egisto y a Clitemnestra de Bernardino Mei (circa 1654)*

# Pandora

Zeus, enojado porque el titán Prometeo regaló el fuego a los seres humanos, ordenó a Hermes que moldeara a la mujer mortal y que los demás olímpicos le regalaran belleza y bondad. Él, por su parte, le regaló una caja sellada con la condición de que nunca la abriera. Pandora, la primera mujer, fue regalada a Epimeteo, quien la recibió gustoso. Con el tiempo, la curiosidad venció a Pandora y abrió la caja. De ella salieron todos los tormentos físicos y mentales del ser humano. Pandora, asustada, cerró rápidamente la caja y solo dejó adentro una cosa: la esperanza.

*Pandora de John Waterhouse (1849-1917)*

# Paris

Paris Alejandro, hijo de Príamo y Hécuba, reyes de Troya. El oráculo profetizó que este niño ocasionaría la ruina de la ciudad, por lo que sus padres lo abandonaron en el monte Ida. Algunas versiones cuentan que unos pastores cuidaron del niño y otras, que lo hicieron las ninfas. El mito cuenta que Paris tuvo que decidir a cuál diosa entregar la manzana de la discordia. Escogió a Afrodita, pues le prometió a la mujer más bella de toda Grecia. Tiempo después, al ver que la profecía no se cumplía, Príamo y Hécuba reconocieron a Paris como su hijo y lo enviaron como embajador a Esparta, donde conoció a Helena, la mujer más bella de Grecia y por quien comenzaría la guerra contra Troya.

*El amor de Helena y Paris de Jacques-Louis David (1748-1825)*

# Pasífae

Pasífae, esposa de Minos, rey de Creta. Poseidón hizo que Pasífae se enamorara de un toro blanco que él había regalado al rey y que este decidió no sacrificar en su honor. Ya dominada por la zoofilia, Pasífae obligó al escultor Dédalo a que le fabricara un disfraz de vaca para yacer con el animal. De esta unión nació el Minotauro, un monstruo con cuerpo de hombre y cabeza de toro.

*Dédalo y Pasífae fresco romano en Pompeya (siglo I)*

# Patroclo

Patroclo, guerrero mirmidón y mejor amigo de Aquiles. Cuando Aquiles decidió retirar sus tropas de la guerra por una disputa con Agamenón, los griegos comenzaron a perder la guerra. Al ver la gravedad de la situación, Patroclo pidió a su amigo que regresara a la batalla, pero este se negó; sin embargo, permitió que sus tropas lo hicieran. Patroclo robó la armadura de Aquiles y dirigió al ejército haciéndose pasar por aquel. En la batalla, el príncipe troyano, Héctor, mató a Patroclo pensando que era Aquiles. Este asesinato hizo que Aquiles regresara a la batalla para vengar la muerte de su amigo.

*Aquiles lleva el cadáver de Héctor a los pies de Patroclo de Joseph-Barthélemy Lebouteux (circa 1769)*

# Pegaso

Pegaso, el famoso caballo alado, fue engendrado por Poseidón, dios del mar, con la sangre de la gorgona Medusa. El caballo surgió del cuello de Medusa luego de que Perseo la asesinara. El manantial consagrado a las musas, que se supone es la fuente de inspiración para los poetas, fluyó por primera vez cuando Pegaso golpeó con uno de sus cascos el suelo del monte Helicón. Pegaso fue un animal libre y salvaje durante mucho tiempo, a pesar de que fueron varios los héroes que trataron de domarlo. Fue Belerofonte, con la ayuda de Atenea, quien al fin lo domó; sin embargo, tiempo después, Pegaso abandonó a su temerario domador.

Pegaso de Jan Boeckhorst (1604-1668)

# Penélope

Penélope, esposa de Odiseo, reina de Ítaca y madre de Telémaco. Tras 20 años de ausencia de Odiseo, el pueblo quería un nuevo rey, pero ella alargaba el tiempo excusándose en el tejido de una mortaja para su suegro, Laertes; por el día cosía la prenda, pero la por la noche la descosía para ganar tiempo. Al descubrir el ardid, los pretendientes decidieron despilfarrar la fortuna real para presionarla a casarse con uno de ellos. Ante la presión y la ausencia de su hijo, quien había salido a buscar a su padre, Penélope organizó un concurso de arco para elegir esposo; sin embargo, lo ganó Odiseo, quien acababa de regresar disfrazado de anciano con la ayuda de Atenea y Telémaco. Penélope reconoció a Odiseo al preguntarle cómo era la cabecera de su cama, la cual no había visto ningún hombre desde que él se había marchado a la guerra de Troya; la cama tenía la característica de haber sido tallada en un árbol que aún se encontraba sembrado al centro de la habitación.

*Penélope leyendo una carta de Odiseo de Louis Jean Lagrenée (1724-1805)*

# Perséfone

Perséfone, o Proserpina para los romanos, hija de Zeus y de Deméter; diosa de la tierra, de la agricultura y de la fertilidad. Hades, dios del inframundo, se enamoró de ella. Zeus estaba de acuerdo con su relación, pero Deméter no. Hades raptó a Perséfone y la escondió en su reino. Al entristecer Deméter por la ausencia de su hija, se perdieron todas las cosechas, por lo que Zeus intervino enviando a Hermes a recuperar a su hija. Hades no tuvo más opción que devolver a su amada, pero antes la hizo comer un grano de granada, ritual con el que la obligaba a volver con él durante cuatro meses al año.

*El rapto de Perséfone de autor anónimo (circa 1650)*

# Perseo

Perseo, hijo de Zeus y Dánae, princesa de Argos. El oráculo advierte a Acrisio, rey de Argos, que será asesinado por su nieto; intentando burlar su destino, Acrisio encierra a Dánae y a Perseo en un cofre de madera y los arroja al mar. El cofre flota hasta la isla Séfiros gracias a la ayuda de los dioses y ambos se salvan. Ya adulto, Perseo, ayudado por Hermes y Atenea, logra vencer al Kraken, matar a la górgona Medusa, burlar a las tres brujas Grayas y a las ninfas del norte. Victorioso, regresó a Argos con su madre y su esposa, la reina etíope Andrómeda, donde mató accidentalmente a su abuelo al lanzar un disco de piedra.

*Los reyes de Grecia agradecen a Perseo de Pierre Mignard (1612-1695)*

# Pitón

Pitón, la serpiente gigantesca hija de Gea, la madre Tierra. Cuando Urano fue vencido por Cronos se provocó un diluvio de cuyo barro nació Pitón. Este monstruo habitaba en una cueva del monte Parnaso, donde custodiaba el oráculo de Delfos, el cual predecía el futuro. Apolo mató a la serpiente y reclamó el oráculo para su veneración; desde entonces a este dios se le conoce como Apolo Pitio. Los juegos Píticos, una competencia deportiva parecida a las Olimpiadas, se celebraban para conmemorar la victoria de Apolo sobre esta serpiente.

*Apolo y la serpiente Pitón de Cornelis de Vos (1584-1651)*

# Pitonisa

Las pitonisas, o sibilas para los romanos, son las sacerdotisas del dios Apolo. Vivían en grutas o lugares cercanos a ríos. Al principio, los griegos hablaban de una sola pitonisa, pero con el paso del tiempo se multiplicó el número. Estas mujeres transmitían, en un trance místico, los designios del oráculo en forma escrita, como metáforas poéticas de difícil interpretación.

*Licurgo visita a la Pitonisa de Eugène Delacroix (1798-1863)*

# Poseidón

Poseidón, hijo del titán Cronos y la titánida Rea, hermano de Zeus y Hades. Poseidón es el dios de las aguas, quien se casó con Anfitrite, una de las nereidas. Con ella tuvo a su hijo Tritón, aunque también tuvo muchos otros hijos con diferentes ninfas. Todos sus hijos se caracterizaron por ser crueles y salvajes, como el cíclope Polifemo al que mató Odiseo, y el caballo alado Pegaso, a quien concibió con la sangre de la gorgona Medusa.

*Poseidón y Anfitrite* de Jan Gossaert (1478-1532)

# Príamo

Príamo, rey de Troya y esposo de Hécuba. Con diferentes mujeres y diosas procreó más de 50 hijos, entre ellos Héctor, Paris y Casandra. No luchó en la guerra de Troya por ser ya un anciano, pero la observó desde las murallas, donde presenció la muerte de Héctor a manos de Aquiles. Con la ayuda del dios Hermes, ingresó al campamento griego y rogó a Aquiles que le devolviera el cadáver de su hijo para hacerle los ritos fúnebres, a lo que el héroe accedió. Príamo fue asesinado por Neoptólemo, hijo de Aquiles, en su recámara durante la noche en que ardió Troya.

*La muerte de Príamo de Jules Joseph Lefebvre (1834-1912)*

# Prometeo

Prometeo es hijo del titán Japeto y de la ninfa Clímene; tenía la facultad de ver el futuro. Junto a su hermano Epimeteo cumplió la orden de Zeus de poblar la Tierra; para ello moldearon figuras de barro que ahora son los animales y el ser humano. Prometeo se compadeció del hombre y le regaló la facultad de caminar erguido y el fuego, como símbolo de civilización e inteligencia. Este último don era un tesoro único del Olimpo, por lo que Prometeo tuvo que robarlo. Como castigo, Prometeo fue atado a un peñasco donde el águila de Zeus le picotearía el hígado diariamente, ya que como titán no podía morir, hasta que le revelara a Zeus algo que él quería saber: cuál de sus hijos intentaría derrocarlo en el futuro.

Prometeo encadenado por Hefesto de Dirck van Baburen (1595-1624)

# Quimera

La Quimera es un monstruo que vomita fuego, tiene cuerpo de cabra, cabeza de león, cola de dragón y alas de murciélago. Durante años, este monstruo aterrorizó el reino de Licia, ubicado en Asia Menor, hasta que Belerofonte lo venció. Actualmente su nombre significa «aquello que podría ser posible, pero no lo es».

*Belerofonte, Pegaso y la Quimera* de Peter Paul Rubens (1577-1640)

# Sátiros

Los sátiros representan las divinidades de los bosques y las montañas; son una mezcla de hombres y cabras, pues en su rostro humano contaban con cuernos y barba de chivo, mientras que en su parte inferior tenían cola y dos piernas de macho cabrío. Los sátiros escondieron y criaron a Dionisio luego de que naciera del muslo de Zeus para que Hera, su celosa esposa, no lo matara. Los sátiros pasaban el día bailando, tocando la siringa (un tipo antiguo de zampoña) o acosando a las ninfas.

*Ninfas y sátiro de William Bouguereau (1825-1905)*

# Selene

Selene es la diosa de la Luna e hija de los titanes Hiperión y Tía y, por tanto, hermana de Helios, el Sol. Para que su enamorado, el pastor Endimión, nunca la dejase, Selene lo hizo caer en un sueño profundo del que nunca podrá despertarse. Los griegos representaban a Selene como una joven mujer que se transportaba en un carro de plata tirado por dos caballos.

Selene y Endimión de Filippo Lauri (1623-1694)

# Siete contra Tebas

Ejército formado por Polinices, Adrastro, Tideo, Partenopeo, Capaneo, Hipomedonte y Anfiarao para invadir Tebas y coronar al primero como el legítimo heredero de Edipo. Por el otro lado, Eteocles, el rey tebano del momento y hermano de Polinices, reclutó a otros seis héroes vecinos para que, junto a él, protegieran las siete puertas de acceso a la ciudad. Eteocles y Polinices se mataron mutuamente en la batalla y dejaron el trono sin heredero. Así se cumplió la maldición de su padre, Edipo, quien los maldijo al verlos más preocupados por heredar que por apiadarse de su suerte.

*Eteocles y Polinices de Giovanni Silvagni (circa 1800)*

# Sirenas

Las sirenas son ninfas del mar e hijas de Forcis. Son monstruos con cuerpo de ave y cabeza de mujer. Estas ninfas malvadas vivían en unas rocas que salen del mar, a donde atraían a los marineros con dulces cantos para hacerlos naufragar. Los únicos héroes que las han escuchado y sobrevivido son los Argonautas, compañeros de aventuras de Jasón, y Odiseo. Algunos mitos cuentan que las sirenas, tras estos fracasos, se suicidaron lanzándose en picada al mar, pero las salvaron los tritones, quienes les dieron una nueva forma para ser sus compañeras: mitad mujer y mitad pez.

*La danza de las sirenas de Hans Thoma (1839-1924)*

# Teatro

El teatro comenzó como un rito a Dionisio durante la época de la vendimia. Solamente se aceptaban hombres como actores, aunque el personaje fuera una mujer. El actor debía vestir una máscara que contenía un aparato amplificador de la voz y unos coturnos o zancos que permitían al espectador verlo desde lejos. Las obras dramáticas eran trilogías, una colección de tres piezas independientes pero relacionadas. Tanto la tragedia como la comedia, que era de tipo más bien vulgar, estaban escritas en métrica poética. La función incluía actuación, canto, música y baile en un solo escenario de tipo semicircular.

*Poeta sentado con máscaras en Princeton Art Museum (siglo I)*

# Telémaco

Telémaco, hijo de Odiseo y Penélope, reyes de la isla Ítaca. Pasó su infancia y juventud sin conocer a su padre, quien se ausentó durante veinte años de casa por luchar en Troya y por haberse perdido durante el regreso. Ofendido porque el pueblo creía que Odiseo había muerto y que era hora de que la reina, Penélope, eligiera un nuevo esposo de entre sus pretendientes, Telémaco salió a buscar a Odiseo bajo la protección de Atenea, disfrazada de Mentor, un amigo de la familia. En su viaje visitó a Néstor y a Menelao, quienes no le dieron razón de Odiseo. Al regresar a Ítaca, Telémaco se encontró con su padre y lo ayudó en su venganza.

*El regreso de Telémaco de Eberhard von Wächter (1762-1852)*

# Teseo

Teseo, hijo de Etra y de Egeo, rey de Atenas. Egeo, para reconocerlo como su heredero, lo mandó a Creta a matar al Minotauro, monstruo que exigía anualmente siete jóvenes atenienses en sacrificio. Teseo logró pasar la prueba con la ayuda de Ariadna, quien le reveló el secreto para salir del laberinto que encerraba al monstruo: amarrar un hilo a la entrada y seguirlo de regreso. Durante su retorno a Atenas, Teseo olvidó izar una bandera blanca en símbolo de victoria y Egeo, al no verla, se suicidó lanzándose al mar que hoy lleva su nombre.

*Victoria de Teseo sobre el Minotauro de Charles-Édouard Chaise (circa 1791)*

# Teucro

En la mitología griega existen dos héroes con este mismo nombre. El primero fue hijo del río Escamandro y de la ninfa Idea. Fue el primer rey de Troya.

El segundo, Teucro el griego, era hijo de Telamón, rey de Salamina y de Hesíone, y, por tanto, medio hermano de Ayante. La leyenda cuenta que Teucro fundó una nueva Salamina en la isla de Chipre, cuando su padre lo desterró por no haber impedido la muerte y deshonra de su hermano.

*Cerámica de arquero cerámica de Oltos (siglo VI a. C.)*

# Tifón

Tifón, último hijo de la diosa Gea. Nació del semen que cayó sobre la madre Tierra cuando Cronos castró a su padre Urano para tomar el poder. Tifón es un monstruo de cien cabezas que lanza chorros de lava. Fue vencido por Zeus cuando destronó a Cronos.

*Tifón en un mural etrusco*

# Tiresias

Tiresias, vidente y sacerdote tebano. Algunas fuentes dicen que quedó ciego al haber visto desnuda a la diosa Atenea mientras se bañaba y que ella, por lástima, le regaló el don de la adivinación. Otras leyendas indican que Tiresias podía cambiar de sexo mágicamente, por lo que un día Zeus y Hera le preguntaron cuál de los dos sexos gozaba más durante el coito. Tiresias contestó que la mujer, por lo que la ofendida diosa lo dejó ciego. Zeus, compadecido, le regaló una larga vida. Más adelante, Tiresias advierte a Edipo de su parricidio y de su incesto. Tiresias murió huyendo de los aspirantes al trono tebano cuando los Siete contra Tebas atacaron la ciudad, pero un tiempo después fue visitado en el Hades por Odiseo para que le indicara la forma de obtener el perdón de los dioses y así poder, al fin, regresar a casa.

Tiresias aparece ante Odiseo durante un sacrificio de Heinrich Füssli (1741-1825)

# Titanes

Los titanes son los doce hijos de Urano y Gea, el cielo y la tierra respectivamente. Estos seres descomunalmente grandes y fuertes fueron los primeros habitantes del universo; su gobernante era Cronos, el más fuerte y poderoso de todos. Cronos, el dios del tiempo, gobernó hasta que uno de sus hijos, Zeus, lo destronó en una guerra donde lucharon dioses nuevos contra la vieja estirpe. Los únicos titanes que se unieron a Zeus fueron Prometeo y Océano, por lo que recibieron honores al concluir la lucha, mientras que los demás fueron condenados a vivir en el Tártaro.

*La caída de los titanes* de Cornelis van Haarlem (1562-1638)

# Tritón

Tritón, hijo de Poseidón, dios del mar, y de su esposa Anfitrite. Su torso es el de un hombre pero su cuerpo, de la cintura hacia abajo, es el de un pez. Su arma es una trompeta con la cual domina los vientos marinos que causan tormentas o calman las olas. Habita junto a sus padres en un palacio submarino fabricado totalmente de oro. Fue Tritrón quien facilitó el viaje de Jasón en su famoso barco Argos.

*Jugando en las olas de Arnold Böcklin (1827-1901)*

# Urano

Urano, hijo de Caos. Fue el primer dios y se casó con su hermana Gea, la Tierra. Con ella tuvo tres tipos de hijos: los titanes, los cíclopes y los gigantes. A estos últimos los encarceló por temor a su gran fuerza. Gea y Cronos, su hijo más joven, se unieron para derrocarlo y así vengar a los gigantes. Durante la lucha, Cronos cortó los testículos de Urano, los cuales cayeron y se derramaron sobre Gea, dejándola embarazada por última vez. De este embarazo nacieron nuevos gigantes, así como las tres Erinias, diosas vengadoras del parricidio y del perjurio. No hay evidencias de que los griegos homéricos rindieran culto a Urano.

*La mutilación de Urano por Cronos mural de Vasari y Gherardi (siglo XVI)*

# Vacas sagradas

Las vacas sagradas forman el rebaño que Apolo cuidaba con ahínco en la isla de Helios, por lo que nadie debía atreverse a tocarlas. Según Homero en *La Odisea*, los hambrientos marineros de Odiseo aprovecharon que este dormía para desobedecer sus órdenes y matar algunas reses, lo que empeoró su desgracia. Otro mito cuenta que el dios Dionisio se robó este rebaño como una travesura que le ganó la eterna enemistad de Apolo.

*Vacas sagradas pintura en vasija griega*

# Yelmo

El yelmo griego era un casco que cubría la cabeza y protegía el rostro. La palabra griega para yelmo es «perikefalaia» que literalmente significa «alrededor de la cabeza». Los primeros yelmos eran de cuero y, con el paso del tiempo, los recubrieron con cobre o hierro. Debajo del yelmo, los soldados griegos usaban gorros de lana, fieltro o cuero. El resto de la armadura griega consistía una vestimenta recubierta con escamas o laminillas de metal para proteger al guerrero, quién además vestía espinilleras metálicas, una capa en la espalda y un escudo de madera reforzado con metal.

*Casco corintio de autor anónimo (700-500 a. C.)*

# Zeus

Zeus, dios del rayo y el trueno, es el más poderoso de los dioses. No fue el creador de los dioses ni de los seres humanos, pero sí su protector y soberano, tanto de la familia olímpica, como de la raza humana. Para ocupar este lugar en el panteón griego tuvo que destronar a su padre, Cronos, y liderar una terrible lucha entre dioses antiguos (aliados con los titanes) y dioses de una nueva generación. Con su esposa, Hera, tuvo algunos hijos que son dioses, pero con muchas otras mujeres mortales ha engendrado semidioses, como Heracles. También es capaz de concebir hijos por sí solo, como la diosa Atenea.

*Zeus y Tetis de John Duncan (1811)*

# Evaluación

El lector o alumno puede acceder a la evaluación en línea con este código:

**Nota:** Recorte esta parte para evitar que el alumno descargue la evaluación del docente.

El docente o padre de familia cuenta con una evaluación de comprensión lectora diseñada según los estándares educativos internacionales que puede imprimir, fotocopiar y aplicar libremente. Además, encontrará al final de la descarga una clave de respuestas. Las competencias evaluadas son estas:

- **Interpretativa:** Comprueba si el lector entendió lo que literalmente dice el texto.
- **Argumentativa:** Evalúa si el lector comprendió la intención del autor (lo que este intentó decir) y si puede crear algo nuevo con la información obtenida.
- **Propositiva:** Aborda la interacción del lector con el texto y cómo puede usarlo en su vida cotidiana.

El docente o padre de familia puede acceder a la evaluación descargable con este código:

9 798227 868329